Benji Wiebe

Mutmachzirkus

AF211051

Benji Wiebe

Mutmachzirkus

Einsichten und Anstöße
eines Clowns

Bibliografische Information der Deutschen Nationalbibliothek: Die Deutsche Nationalbibliothek verzeichnet diese Publikation in der Deutschen Nationalbibliografie; detaillierte bibliografische Daten sind im Internet über dnb.dnb.de abrufbar.

© 2022 Benji Wiebe, Linkenheim-Hochstetten
benji.wiebe@bezauberhaft.de | **www.mutmachzirkus.de**

Herstellung und Verlag: BoD – Books on Demand, Norderstedt
Layout und Satz: Benji Wiebe, Linkenheim-Hochstetten

ISBN: 978-3-7562-0235-5

Inhalt

「

Gott, gib mir die Gelassenheit,
Dinge hinzunehmen, die ich
nicht ändern kann, den Mut,
Dinge zu ändern, die ich ändern kann,
und die Weisheit, das eine vom
anderen zu unterscheiden.

REINHOLD NIEBUHR

Mein Zirkus – meine Affen

Wenn ich mich umsehe in der Welt, lande ich schnell beim polnischen Sprichwort »Nicht mein Zirkus – nicht meine Affen«. Ich kann und will mich nicht um alles kümmern. Es gibt so vieles, auf das ich keinen Einfluss habe und wo nur Gelassenheit weiterhilft.

Aber es gibt auch viele Bereiche, in denen ich sehr wohl etwas bewegen kann. Mein direktes Umfeld, meine Familie, meine Nachbarn, Menschen in unserem Ort und solche, die gerade erst ankommen, weil sie woanders nicht bleiben konnten. Da werde ich täglich herausgefordert, die Welt ein Stückchen besser zu machen.

Es ist mutig, sich einzumischen, wenn etwas nicht in Ordnung ist. Es ist mutig, zu zeigen, was man kann. Es braucht Mut, um Ängste vor Mitmenschen zu überwinden, Barrieren abzubauen oder auch um Hilfe zu bitten.

Im Zirkus packen alle mit an, es gibt nicht nur die »Stars in der Manege«. Es geht ums Mitmachen und ums Mutmachen. Da, wo ich bin, oder wo Gott, der Direktor, mich hingestellt hat, möchte ich mich einbringen und anderen Mut machen, ihren Teil beizutragen.

Manege frei im Mutmachzirkus!

Benji Wiebe

8

Die Nummer mit dem Trampolin

Ich bin ein großer Fan von Zirkuspädagogik. Es ist einfach etwas Besonderes, wenn Kinder ganz andere Seiten an sich entdecken und ausprobieren und zusammen mit anderen an Zirkusnummern und einer Abschlussvorstellung arbeiten. Und so gestalte ich Kinderzirkustage und habe schon öfter bei mehrtägigen Zirkusfreizeiten mitgearbeitet.

Es ist mir immer ein großes Anliegen, dass jedes Kind etwas findet, mit dem es am Ende auftreten kann. Etwas, das es besonders gut kann oder auch etwas, das es in den wenigen Tagen so einer Zirkusfreizeit neu erlernt hat.

Und dann kam Benjamin. Auf dem Anmeldezettel stand etwas von einer spastischen Lähmung und dass er für alles, was über ein paar Schritte hinausgeht, einen Rollstuhl benötigt. Nicht gerade ideale Voraussetzungen für eine Zeltfreizeit mit Schwerpunkt Zirkus. Und doch nahmen wir als Team die Herausforderung an und bemühten uns, das Freizeitprogramm so barrierefrei wie möglich zu planen. Wir hofften auch, dass die gemeinsame Zirkusarbeit ihre integrative Kraft entfalten und die anderen Kinder sich auf die Begegnung einlassen würden.

Im Vorfeld machte ich mir einige Gedanken, mit welcher Nummer Benjamin am Ende wohl in der Manege stehen könnte. Vielleicht mit einem Zaubertrick? Aber mit dem, was dann geschah, hatte ich nicht gerechnet.

Beim Aufwärmen machten wir immer ein kleines Zirkeltraining, an dessen Ende ein Sprung auf dem Trampolin stand. Bald war klar, dass es bei der Vorstellung auch eine Trampolinnummer geben sollte. Als sich die Kinder festlegen durften, bei welchen Nummern sie dabei sein wollten, meldeten sich die meisten beim Trampolin – auch Benjamin.

Anfangs hatte ich so meine Zweifel, aber die Kinder sahen überhaupt kein Problem. Und so wurde geplant und geprobt und dann kam der große Auftritt. Die Eltern wollten es erst gar nicht glauben, als ihnen Benjamin vor der Vorstellung zuflüsterte, bei welcher Nummer er dabei war. Und dann war es so weit.

Eine wilde Kindergruppe tollte durch den Raum und vollführte große Sprünge. Und dann wurde es ganz ruhig, als Benjamin in seinem ganz eigenen Tempo auf das Trampolin zuging, hochkletterte, hüpfte, und sich dann mit Schwung auf die Weichbodenmatte fallen ließ. Großer Jubel und Applaus im Publikum.

Ich konnte nur staunen und mich freuen. Ich freute mich über die Eltern, die uns ihr besonderes Kind anvertrauten. Ich staunte über die Kinder, die ihn einfach integrierten und es für ganz normal hielten, dass im Zirkus jeder so mitmachen darf, wie er möchte. Und ich war ein bisschen stolz auf Benjamin, der sich nicht mit einem kleinen Zaubertrick abgab, sondern mittendrin war im Geschehen und ganz selbstverständlich und mutig seinen Platz beanspruchte.

„

Niemand weiß, was er kann,
bevor er's versucht.

Seid mutig und seid stark!
Alle eure Dinge lasst in der Liebe
geschehen!

1. Korinther 16,13-14

Achterbahn fahren

Für meinen großen Sohn ist »Achterbahn fahren« schon immer ein Ausdruck von Lebensfreude. Und selbst wenn ihm wie anderen Kindern das Warten manchmal schwerfällt, eine Dreiviertelstunde anstehen vor einer rasanten Fahrt scheint ihm überhaupt nichts auszumachen. Er freut sich auf den Nervenkitzel. Und in jedem Freizeitpark findet er gleich heraus, welche die größte und schnellste Bahn ist, mit der er fahren darf.

Und plötzlich, mit etwa acht Jahren, bekommt er Probleme mit dem Kreislauf. Das Kind wird blass und kippt um. Es dauert oft nur Sekunden, dann geht es wieder weiter, aber wir sind alarmiert. Die Ärzte suchen nach Ursachen, vermuten zunächst eine Epilepsie und diagnostizieren dann eine Herzrhythmusstörung. Innerhalb weniger Tage bekommt er einen Termin in der Uniklinik und soll einen Herzschrittmacher erhalten.

Bis dahin soll er das Bett hüten. Und vor allem der Tag vor der OP zieht sich wie Kaugummi. Gleich neben der Klinik befindet sich ein großer Spielplatz, auf dem Kinder toben und tollen. Mein Kind schaut sehnsüchtig aus dem Fenster, will sich bewegen, will was erleben.

Und irgendwann reicht es uns. Wir schlagen die Bedenken der Ärzte in den Wind, packen das Kind in einen Rollstuhl und rollen ihn zum Spielplatz. Einfach ein paar Minuten schaukeln – das kann so gut tun. Wir sind bei ihm, die Klinik nur einen Steinwurf entfernt und mein Sohn genießt den Moment. Nach der OP muss er noch lange genug im Bett bleiben.

Alles ist gut verlaufen, der Herzschrittmacher tut seinen Dienst und der Alltag hat sich normalisiert. Nur Sport ist noch einige Zeit verboten, bis alles verheilt ist. Nach einigen Monaten bei der Kontrolle, hat er noch eine Frage an den Arzt: »Darf ich wieder Achterbahn fahren?« Der Arzt schaut extra nochmal in die Akten, telefoniert mit einem Kollegen, und dann die erlösende Nachricht: »Ja! Du darfst alles fahren.«

Und so haben wir, kaum dass wir wieder zuhause waren, einen Termin gesucht, einen Freund eingeladen und dann einen ausgiebigen Achterbahn-Tag gefeiert.

Manchmal erscheint mir das Leben wie so eine Achterbahn. Es geht auf und ab – manchmal völlig unerwartet. An manchen Tagen möchte ich schreien, manchmal wird mir übel, aber irgendwie ist es auch schön und spannend. Und ich bin dankbar für die Achterbahn-Tage, die wir bisher gemeinsam erleben konnten und freue mich auf die nächste rasante Fahrt.

"

Ich sitze oder stehe auf, so weißt du es;
du verstehst meine Gedanken von ferne.
Ich gehe oder liege, so bist du um mich
und siehst alle meine Wege.

PSALM 139,2

Alle Träume können wahr werden,
wenn wir den Mut haben,
ihnen zu folgen.

WALT DISNEY

Was willst du mal werden?

»Was willst du mal werden, wenn du groß bist?« ist eine Frage, die ich Kindern in meiner Show immer stelle. Und die Antworten sind immer ganz unterschiedlich. Je nach Alter der Kinder wollen sie zum Beispiel »Erzieherin«, »Fußballer« oder »Tierärztin« werden, die Größeren auch mal »Architekt« oder »Anwalt«, bei jüngeren kommt auch öfter mal »Polizei«, »Feuerwehr« und »Krankenwagen«. Jedes Kind hat so seine Ideen und Träume.

Ich weiß noch gut, dass ich als Bub Landwirt werden wollte, wie mein Papa. Später dann »alles außer Landwirt«, um mich etwas abzugrenzen. »Irgendwas mit Menschen« sollte es sein und dann wurde langsam »Jongleur« oder »Künstler« draus. Und irgendwann merkte ich, dass ich das auch selbst in der Hand hatte. Die Dinge, die ich in der Schulzeit machte, legten Grundlagen für meine spätere Berufswahl. So stand ich in der Theatergruppe gerne mal im Rampenlicht, arbeitete in der Schülerzeitung an Layouts und Texten, engagierte mich als Tutor für die jüngeren Schüler und organisierte Spielenachmittage und eine Zirkusgruppe.

Mit 18 Jahren hatte ich einen schweren Autounfall, mit Trümmerbrüchen und vielen Wochen im Krankenhaus. Ich erinnere mich noch gut an den Arzt, der mich freundlich fragte: »Und, was wollen Sie mal nach der Schule machen?« Ich antwortete mit »Ich bin Jongleur«.

Mit einem Blick auf meinen zusammengeschraubten linken Arm meinte er: »Ich glaube, Sie waren Jongleur... es gibt ja noch so viel anderes«. In dem Moment drohte für mich eine Welt zusammenzubrechen. Erst war ich traurig, dann ärgerlich, dann trotzig … und begann wieder zu üben, so gut es eben ging.

Das Ellenbogengelenk hat einiges von seiner Beweglichkeit eingebüßt. Anfangs war es schwer, mit der linken Hand den Löffel zum Mund zu führen. Heute fällt es im Alltag kaum noch jemandem auf, dass ich meinen linken Arm nicht ganz durchstrecken kann. Noch in der Klinik fing ich an, wieder mit Bällen zu werfen. An manchen Nachmittagen waren die Schwestern ganz genervt, weil ich immer klingeln musste, wenn wieder ein Ball aus dem Bett gefallen war …

Mein persönliches Highlight ereignete sich dann gegen Ende der Reha-Zeit. Ich konnte noch nicht ohne Gehhilfe laufen, aber stehen ging schon freihändig. Und so bat ich in der Cafeteria der Kurklinik um Aufmerksamkeit, stakste auf Krücken in die Mitte des Raumes und ließ mir dann von meinem Zimmernachbarn drei Jonglierbälle reichen. Und da stand ich, drei Monate nach meinem Unfall und dem vernichtenden Urteil des Arztes, und jonglierte wieder.

Auch wenn ich heute meist ganz andere Dinge auf der Bühne mache, so eine kleine Dreiball-Jonglage habe ich ganz oft noch mit in meinem Ablauf. Einfach weil ich's kann. Und weil es mich erinnert, wie wichtig es ist, an seine Träume zu glauben und etwas dafür zu tun, egal, ob die Umstände günstig sind.

"

Du bist nie zu alt, um einen neuen
Traum zu träumen.

C. S. Lewis

Wege entstehen dadurch,
dass wir sie gehen.

Franz Kafka

Was ist schon normal?

Manchmal läuft ein Auftritt ganz anders als geplant. Kaum spreche ich die ersten Worte, unterbricht ein lautes Juchzen meine Begrüßung. Eine junge Frau freut sich, dass jetzt etwas passiert. Der Mann daneben hält sich die Ohren zu und fängt an zu summen. »Wann gibt es Braten und Spätzle?«, erkundigt sich eine andere Zuschauerin, als ich gerade mit dem Eröffnungskunststück anfangen möchte. »Heute ist Montag«, schallt es mir aus der anderen Richtung entgegen …

Und ich bin komplett aus meinem Konzept. Es ist Dienstag (!) und ich bin gebucht, um bei einem Jubiläumstag einer Beschützenden Werkstätte mein Zauberprogramm zu zeigen. Mit Anzug und Fliege stehe ich da und komme nicht weiter.

Ich hatte mir ein Programm zurechtgelegt, alles geprobt und schön eingepackt. Aber es war wohl nicht das richtige Programm für mein Publikum. »So kann ich nicht arbeiten«, denke ich – Was tun? Einpacken und gehen? Ein kleiner Teil von mir möchte einfach aufgeben.

Aber dann atme ich einmal durch und trete aus meiner Bühnenrolle. Ich schaue mich um, mancher schaut weg, aber hier und da blicke ich in neugierige Augen. Ich lächle, gehe auf einzelne Menschen zu, fange an zu improvisieren, zu spielen, in Kontakt zu treten.

Tücher verschwinden und tauchen wieder auf, kleine Lichter werden aus- und wieder angepustet – mit einer kleineren Gruppe rolle ich ein paar Jonglierbälle hin und her. Wir lassen Luftballon-Springmäuse durch den Raum hüpfen und die Augen einer Dame mit türkischen

Eltern leuchten auf, als ich ihr eine Çiçek – eine Blume – überreiche. Und statt steifer Zaubershow gibt es bunten Mitmach-Zirkus.

Eineinhalb Stunden vergehen wie im Flug – am Ende verabschiede ich mich bei jedem persönlich und herzlich, als würden wir uns schon lange kennen. Dankbar und selbst reich beschenkt und neu ermutigt trete ich die Heimfahrt an.

"

*Entschuldige dich nie dafür,
du selbst zu sein.*

Paulo Coelho

**Ich danke dir dafür, dass ich wunderbar
gemacht bin; wunderbar sind deine
Werke; das erkennt meine Seele.**

Psalm 139,14

Die leckerste Pizza

Jeder Tag hat 24 Stunden, aber es gibt Tage, die vergehen wie im Flug. Andere erscheinen uns wie eine Ewigkeit. Mein gefühlt längster Tag war der, an dem die zweite Herz-OP meines Sohnes stattfand. Eigentlich sollte es ein Routine-Eingriff sein. Der Junge war gewachsen und die Sonde, also das Verbindungskabel zwischen Herz und Schrittmacher, war zu kurz geworden.

In der Aufklärung vorher klang das alles ganz simpel, ein kleiner Schnitt, Kabel lösen, Gerät austauschen. Es sollte zwei bis drei Stunden dauern. Gleich morgens um 8:00 Uhr kam er in den OP und ich ging erst einmal zurück zu meinem Zimmer im »Elternhaus« gleich neben der Klinik.

Das Zimmer teilte ich mit einem anderen Mann, Vater eines mehrfachbehinderten Kindes, mit dem er schon öfter in die Klinik musste. Ich hätte nicht mit ihm tauschen wollen, aber an dem Morgen war meine Anspannung größer als seine. Er machte mir Mut und gab mir Gelegenheit, ein wenig zu erzählen.

Gegen zwölf Uhr begann ich, vor dem OP auf und ab zu laufen. Die geschätzte Zeit war längst vorbei und keiner konnte mir etwas zum Verlauf sagen. So langsam machte ich mir wirklich Sorgen. Mein Junge war noch keine 12 Jahre alt und hatte noch so viel vor. Erst zwei Stunden später kam einer der Ärzte zu mir nach draußen. Ja, das Kind lebe, aber es gab Komplikationen. Ein Teil der Sonde, ein Stück Kabel, hatte sich selbstständig gemacht und war »irgendwo im Blutkreislauf« unterwegs. Sie müssten es zunächst suchen. Ich wusste, wenn ein solcher

Fremdkörper irgendwo falsch abbiegt, kann es zu einer Embolie kommen …

Es gab nichts, was ich in dem Moment tun konnte. Sein Leben war in den Händen der Ärzte und in Gottes Händen. So setzte ich mich in die kleine Kapelle und versuchte zur Ruhe zu kommen. Ich sammelte schöne Erinnerungen – rief mir ins Gedächtnis, was ich schon alles mit meinem Sohn erlebt hatte und dankte dafür. Und natürlich hoffte und betete ich, dass alles gut gehen mochte.

Zwischendurch erreichte mich eine Nachricht meines Zimmergenossen. Er erkundigte sich nach mir und bot an, mir eine Pizza mitzubestellen. Ich hatte keinen Hunger, aber stimmte trotzdem dankbar zu. Die restliche Zeit ging ich in den Fluren auf und ab und versuchte mich mit Hörbüchern abzulenken.

Kurz vor 20:00 Uhr abends kam die erlösende Nachricht – nach fast zwölf Stunden Operation durfte ich meinen Sohn sehen. Er schlief noch, aber es war alles gut gegangen, die Sonde gefunden und entfernt, das Gerät getauscht. Auch der Arzt sah müde aus, aber lächelte mir zu. Das ganze Team hatte stundenlang gekämpft – und gewonnen.

Erleichtert und dankbar lief ich zurück zu meinem Zimmer. Mein Zimmergenosse war unterwegs, ich schickte ihm ein kurzes Update per SMS und machte mich dann über die kalte Pizza her. Sie schmeckte wunderbar!

“

Sie sehen krank aus,
ich verschreibe Ihnen eine Pizza.

DR. OETKER

Aller Augen warten auf dich,
und du gibst ihnen ihre Speise
zur rechten Zeit.

PSALM 145,15

Die Fahrradkette

Ich kann mich noch gut an das Strahlen des Mädchens erinnern. Voll Freude schob sie ihr neues Fahrrad davon. Fahren konnte sie noch nicht, aber jetzt wollte sie es lernen. Sie besaß schon früher nicht viel, und hatte dann alles verloren, als sie mit ihrer Familie flüchtete. Und auch wenn das Fahrrad alles andere als neu war und schon viele Wege hinter sich hatte, war es für sie ein Schatz. Und ich freute mich, dass ich es weitergeben konnte. Ich hatte es ja selbst geschenkt bekommen, und davor jemand anderes. Aber drehen wir ein bisschen »am Rad«.

Angefangen hat die Geschichte für mich mit einer Anfrage von zwei Kanadiern, ob sie auf ihrer Europatour bei uns im Haus Station machen und übernachten können. Schon auf dem Bauernhof meiner Eltern hatten wir oft Gäste aus Übersee und so habe ich mich irgendwann in so ein Gastfreundlichkeits-Buch eintragen lassen. Immer wieder mal kommt also eine Anfrage, ob jemand für ein oder zwei Nächte bei uns Rast machen kann. Und wenn es der Terminplan zulässt, sage ich gerne ja. So auch bei dem Paar aus Kanada.

Sie planten eine Radtour entlang des Rheins, von den Niederlanden bis in die Schweiz. Die Fahrräder schenkte ihnen eine Familie in den Niederlanden und sie leisteten ihnen bis zu uns ganz gute Dienste. Hier angekommen wollten sie aber noch einen Abstecher in den Schwarzwald machen, wofür ihnen Hollandräder nicht ganz so ideal erschienen. Also sattelten sie um auf den Zug und wollten ihre Fahrräder bei uns zurücklassen, als kleines Dankeschön für die Übernachtung.

Da wir als Familie mit Fahrrädern, Einrädern und sogar Dreirädern bereits gut ausgestattet waren, lehne ich erst höflich ab. Aber da sie die Räder auch schlecht mit in den Zug und später nach Kanada zurücknehmen konnten, versprach ich, jemanden zu finden, der sich darüber freuen würde. Und so gelangten zwei hübsche Fahrräder von großzügigen Gastgebern in Holland, über sportliche Kanadier erst zu uns und letztendlich zu einer Familie aus Syrien.

Ich stelle mir das wie eine kleine Kette der Gastfreundschaft vor. In diesem Fall eine »Fahrrad-Kette«. Jeder teilt, was er hat, und am Ende haben alle etwas davon. Für mich ist das auch ein wichtiger Bestandteil meines Glaubens und meiner Werte. Auch in der Bibel findet sich einiges zum Umgang mit Gästen und Menschen in Not. Im Hebräerbrief steht: »Gastfrei zu sein vergesst nicht, denn dadurch haben einige ohne ihr Wissen Engel beherbergt«. Das will ich gerne glauben.

"

*Gastfrei zu sein vergesst nicht,
denn dadurch haben einige ohne ihr
Wissen Engel beherbergt.*

HEBRÄER 13,2

*Viel Kälte ist unter den Menschen,
weil wir nicht wagen, uns so herzlich zu
geben, wie wir sind.*

ALBERT SCHWEITZER

Geduld haben

Ich warte nicht gerne. Im Laden beobachte ich immer erst eine Weile, welche Kassenschlange sich am schnellsten bewegt, und versuche einzuschätzen, in welchem Einkaufswagen vor mir die unkompliziertesten Sachen liegen. Dabei ist es doch meistens wirklich unerheblich, ob ich eine Minute früher oder später drankomme.

Und doch versuche ich, Wartezeiten zu minimieren. Nur bei Ärzten und in Wartezimmern habe ich es mittlerweile aufgegeben. Nichts, was ich tue, ändert den Zeitpunkt, an dem ich an die Reihe komme. Also kann ich die Wartezeit doch gleich als geschenkte Zeit nutzen, ganz ohne andere Verpflichtungen, und bringe einfach immer etwas zu lesen mit.

Wenn ich als Ballonclown Figuren modelliere, sind die Wartezeiten meist nicht ganz so lang. Zumindest hat noch nie jemand was zu lesen rausgeholt. Aber oft spüre ich die Ungeduld der Kinder und noch viel deutlicher die der Erwachsenen. »Mein Kind steht aber schon ganz lange«, höre ich ganz oft. »Sicher nicht länger als ich«, denke ich manchmal, lächle aber meistens nur freundlich und sage »Ich knote so schnell ich kann!«.

Wenn ein Kind sich deutlich dazwischendrängelt oder mir seinen Wunsch mehrfach zu ruft, obwohl ich gerade noch mit einem anderen Ballontier beschäftigt bin, kann ich schon auch mal deutlich werden. »Du bist gerade nicht dran! Erzähl es mir, wenn du dran bist.« Für manche Kinder scheinbar eine unbekannte Situation …

Meine eigenen Kinder kennen das. Sicher ist es in dem Moment nicht toll ein »Du bist gerade nicht dran« zu hören. Aber wenn man genau hinhört, ist darin ein Versprechen enthalten. Irgendwann bist du dran, dann sind alle anderen nicht dran. Nur du allein!

Wie lange wollte meine kleine Tochter eine Zwei-Tages-Tour mit dem Fahrrad und mir machen. Immer wieder musste ich sie vertrösten, bis sie alt genug war, ihren Fahrradführerschein hatte und bis ich zwei Tage mit vertretbarem Wetter am Stück freinehmen konnte, um endlich die Tour zu machen. Dann aber war sie dran. Und zwar sowas von … Wir hatten zwei tolle Tage zu zweit, ganz ohne Geschwister, Telefonanrufe, Computer oder sonstige Ablenkungen – nur wir beide. Ihre Geduld hatte sich gelohnt! Und beim kindlichen »Das war eine tolle Tour, Papa« wurde auch mir ganz warm ums Herz.

Ich wünsche mir auch für meinen Alltag diese Gelassenheit, diese Geduld, wenn ich mal eben noch nicht an der Reihe bin. Wenn mal andere dran sind. In der Bibel wird Geduld als etwas Erstrebenswertes oder sogar als eine der »Früchte des Geistes« beschrieben. Im Buch Klagelieder Jeremias findet sich sogar der Vers »Es ist ein köstlich Ding, geduldig sein und auf die Hilfe des Herrn zu hoffen.« Na dann bleibt mir nur die Bitte: »Herr schenk mir Geduld! Aber mach schnell…«

"

Gib das, was dir wichtig ist, nicht auf,
nur weil es nicht einfach ist.

ALBERT EINSTEIN

Es ist ein köstlich Ding, geduldig sein …

KLAGELIEDER 3,26

Ein Vater mit viel Zeit

Ich kann mich noch gut erinnern, dass mein Vater ein viel beschäftigter Mann war. Auf dem Hof gab es viel Arbeit, dann war da noch die Gemeinde und die Sitzungen im Stadtrat. Sicher hat er auch einiges mit uns Kindern unternommen, doch das blieben besondere Höhepunkte.

Heute schaue ich in meinen vollen Kalender und merke, dass es gar nicht so einfach ist, all dem gerecht zu werden, was ich mir vorgenommen habe. Immer wieder geht die Arbeit vor und ein kleiner Teil der Geschichte wiederholt sich.

Als Teenager engagierte ich mich in der Stadtjugendarbeit und probte mit einer Zirkusgruppe im Jugendzentrum. Immer wieder galt es, Termine zu finden oder Events zu organisieren. Und bei einer dieser Besprechungen mit unserem Stadtjugendarbeiter fiel mir in seinem großen schwarzen Kalender ein Eintrag mit nur einem Namen auf, der sich immer wieder über einen ganzen Tag erstreckte. Das machte mich neugierig. »Das sind die Tage, an denen ich mir nur für meinen Sohn Zeit nehme«, erklärte er mir auf Nachfrage.

Wow, ein Papa, dem die Beziehung, die Zeit, mit seinem Kind so wichtig ist, dass er sie sich in seinen Kalender einträgt. So etwas wünschte ich mir, und ein solcher Papa wollte ich werden.

Nach der Schulzeit ging ich für ein Jahr nach England. Zum einen engagierten wir uns dort als Team in einem sozial schwachen Viertel in Plymouth, zum anderen hatten wir aber auch immer wieder Gastredner zu Besuch, die über verschiedene, meist biblische Themen referierten. Eines der Themen war »Das Vaterherz Gottes«, bei dem es darum ging, dass Gott uns ein guter Vater ist. Ganz unabhängig davon, wie die Beziehung zu unserem leiblichen Vater aussieht. Im Kopf konnte ich den Erklärungen und biblischen Beispielen folgen, aber so richtig verstand ich das erst später.

Einige Wochen später hatten wir als Team eine Wochenendfreizeit, ein paar Tage in einer Hütte auf dem Land. Und am Abend gab es Gelegenheit zum Reden, zum Beten, und einander ermutigende Gedanken weiterzugeben. Und ganz unverhofft sprach mich ein Mädchen aus dem Team an. Ihr wäre beim Beten ein Bild eingefallen, und ob sie mir davon erzählen dürfe. Etwas unsicher aber doch auch gespannt stimmte ich zu.

Und so beschrieb sie, was sie gesehen hatte. Sie sah einen großen, schwarzen Terminkalender. Und auf jeder Seite, an jedem einzelnen Datum, sah sie nur einen Eintrag. Meinen Namen. Sie hätte den Eindruck, das wäre Gottes Terminkalender, und er hätte jeden Tag Zeit für mich, viel mehr, als ein normaler Vater das kann.

Das ist ein starkes Bild und berührt mich noch heute sehr. Gerne sehe ich in Gott einen guten Vater, der verlässlich da ist, der Halt gibt, der Zeit hat, zu dem ich einfach so kommen kann. Und ich lasse mich neu herausfordern, es ihm für meine Kinder nachzutun.

„

*Wie sich ein Vater über Kinder erbarmt,
so erbarmt sich der HERR.*

PSALM 103,13

*Die Summe unseres Lebens
sind die Stunden, wo wir lieben.*

WILHELM BUSCH

Allezeit fröhlich

Ist das nicht schwer, immer fröhlich zu sein? Manchmal fragen mich das Leute nach einem Auftritt als Clown. Ich mag meine Arbeit und bringe gerne Kinder und andere zum Lachen. Aber »allezeit fröhlich«? Immer gut gelaunt und freundlich zu allen Menschen? Das fällt mir schon während der Arbeit manchmal schwer. Im Alltag, wenn die Nase am Haken hängt, scheint mir diese Messlatte viel zu hoch.

In der Bibel steht viel über Fröhlichkeit. Aber zum Glück nicht nur. Ebenso oft lesen wir auch von Nöten und notvollen Zeiten, von Trauer und Trost, von Scheitern und Neuanfang. Die Bibel ist da sehr realistisch. »Seid allezeit fröhlich« kann demnach nicht bedeuten, ununterbrochen gut gelaunt zu sein. Aber ist das überhaupt gemeint? Ich denke nicht! Die Fröhlichkeit der Welt verschwindet so schnell, wie sie gekommen ist.

Manchmal erlebe ich angenehme, anregende oder entspannende Urlaubstage und nehme mir fest vor, etwas davon in den Alltag zu übernehmen. Oder ich komme inspiriert von einem Kongress oder Seminar, aber der Übertrag in das tägliche Leben ist nicht so einfach.

Im Römerbrief heißt es dann auch »Seid fröhlich in der Hoffnung … « (Römer 12,12). Die Fröhlichkeit, die aus der Hoffnung kommt, ist eine Bleibende und äußeren Einflüssen gegenüber weniger anfällig. Diese Fröhlichkeit erwächst aus der Gewissheit, in Gottes Hand geborgen zu sein, egal, was auch geschehen mag.

Ich weiß, dass nicht alles von mir abhängt, von meiner Leistung, sondern dass es Gott ist, dem ich meine Sorgen und Nöte überlassen kann. Das schafft Freiraum auch für Spaß und Freude. Nicht ohne Grund folgt der Aufforderung, allzeit fröhlich zu sein, die Aufforderung, ohne Unterlass zu beten. Gott seine Sorgen und Nöte zu überlassen, setzt das ständige Gespräch mit Gott voraus.

Das heißt nicht ununterbrochen Gebete zu sprechen – das ginge nicht –, sondern eine ständige Verbindung zu Gott zu haben. So wie man sich mit der Familie oder einem lieben Menschen auch dann verbunden weiß, wenn man mit anderen Dingen beschäftigt ist. Und doch suche ich immer wieder die Gelegenheit, direkt mit Gott in Kontakt zu treten.

»Seid dankbar in allen Dingen«, kommt noch hinzu. Wenn ich mir bewusst mache, dass mir jeder Augenblick meines Lebens geschenkt wird, verspüre ich Dankbarkeit. Auch Dankbarkeit hat nicht nur etwas mit meinem Gefühl zu tun. Manchmal muss ich den Dank erst formulieren, aussprechen oder darüber nachdenken, wofür ich eigentlich dankbar sein könnte.

Und gerade an den Tagen, am denen so gar keine Fröhlichkeit aufkommen möchte, hilft es, zurückzuschauen und kleine Highlights aufzulisten. Kleine Punkte, die Grund zur Freude und zur Hoffnung geben, und vielleicht geht es mir dann wie dem Psalmbeter in Psalm 30, der schreibt: »Du hast mein Klagelied in einen Freudentanz verwandelt«.

"

*Nur der wahrhaft Fröhliche ist in der
Lage zu tiefer Ernsthaftigkeit zu finden,
und umgekehrt.*

GABRIELE ENDE

*Seid allezeit fröhlich,
betet ohne Unterlass,
seid dankbar in allen Dingen.*

1. THESSALONIKER 5,16-17

Ein echter Mensch

»Du bist ja ein echter Mensch!« rief einmal ein kleiner Junge überrascht, als er nach der Vorstellung nach vorne kam, um sich ein Ballontier abzuholen. Ich lächelte ihn an und antwortete: »Ja, toll gell? Und du? Bist du ein echtes Kind?« – worauf er heftig nickte und dann grinste – und seine Welt war wieder in Ordnung.

Vielleicht sollten wir uns diesen Moment öfter gönnen, nicht nur bei Clowns: Den anderen so lange betrachten, bis wir merken, dass er ein »echter Mensch« ist. Egal, ob Kind, ob Clown, ob Polizist, Verkäufer, Geflüchteter, Politiker, Zugereister, Einheimischer, Rollifahrer, Fußgänger …

Dass Clowns auch »echte Menschen« sind, habe ich selbst schon als Kind erleben dürfen. Der Circus Krone war in der Stadt – und mit dabei Pierino, ein zauberhafter Clown, der mit einem Brummkreisel und einem Nilpferd für Staunen und Lachen sorgte.

Ich wollte diesen tollen Clown unbedingt auch persönlich treffen. Mein Vater machte mir Mut und drückte mir eine Schachtel mit Eiern vom elterlichen Bauernhof in die Hand, damit ich nicht mit leeren Händen dastand. Und so radelte ich die wenigen Kilometer zum Circus und fragte mich dort durch, bis ich vor Pierinos Wohnwagen stand.

Ein wenig aufgeregt war ich schon, aber Eier ausliefern, das konnte ich! Also klopfte ich am Wohnwagen, bis mir ein freundlich blickender Mann öffnete. Da stand er, ganz ohne Schminke, einfach ein echter Mensch. Ich gab ihm mein Mitbringsel und bedankte mich für die schöne

Vorstellung. Er hörte mir zu und dankte für die Eier. Es war nur ein kurzer Moment und doch eine Begegnung von Mensch zu Mensch, die mir noch lange nachging.

Auch vier Jahre später, als der Circus Krone erneut bei uns gastierte, suchte ich Pierino noch einmal mit einer Schachtel Eier auf. Ob er sich noch an unser erstes Treffen erinnerte? Ich weiß es nicht, aber er war genauso fröhlich, freundlich und liebenswert wie beim ersten Mal.

An dem Abend war ich sicher: So ein Clown wollte ich mal werden … und wer hätte gedacht, dass das gar keine so »verrückte« Idee war.

"

*Wer unter euch meint, weise zu sein
in dieser Welt, der werde ein Narr,
dass er weise werde.*

1. KORINTHER 3,18

*Jeder Mensch mit einer neuen Idee
ist ein Spinner. Bis die Idee Erfolg hat.*

MARK TWAIN

Gemeinsam ein Brot essen

»Ihr müsst ein Stück Brot zusammen essen!«, forderten uns die Kinder auf. Irgendwie war an diesem Tag einiges schiefgelaufen. Es war während einer Zirkus-Zeltfreizeit für Kinder, bei der ich mitarbeitete. Der eine hatte etwas vergessen, der andere regte sich darüber auf und schon fielen Worte, die einem hinterher leidtun, das kommt in den besten Freizeitteams vor. Und dann hängt etwas in der Luft, auch wenn nach außen hin doch alles funktioniert hat.

Die Kinder spürten wohl, dass bei uns Mitarbeitenden nicht alles in Ordnung war. Nach der Gute-Nacht-Geschichte schickte ich die Kinder schnell schlafen und erwähnte nebenbei, dass wir als Mitarbeitende wohl noch ein paar Dinge zu besprechen hatten. Da forderten uns die Kinder auf, im Team gemeinsam ein Stück Brot zu essen.

Erst ein paar Tage zuvor hatte ich bei einer Andacht eine Geschichte von einem alten Bäcker erzählt, der noch wusste, dass Brot nicht nur zum Satt-Essen da war. Der Bäcker erinnerte gerne daran, dass wir doch alle Menschen sind, die Gott immer wieder um das tägliche Brot bitten dürfen. Immer wenn einer in seine Bäckerei kam, der Sorgen hatte, oder wenn zwei sich gestritten hatten, bot er jedem ein Stückchen Brot an und aß es gemeinsam mit ihnen.

Nach der Geschichte war Gelegenheit gewesen, sich ein Stück Brot zu nehmen und es mit anderen zu teilen. Erstaunt waren wir, als einige Jungs sich sofort eine Scheibe holten und zu einem kranken Kameraden ins

Zelt gingen, um mit ihm gemeinsam Brot zu essen und ihn so am Geschehen teilhaben zu lassen.

Und so befolgten wir auch an diesem Abend den Rat der Kinder, entschuldigten uns beieinander und aßen im Team einige Scheiben Brot zusammen. Es tat gut, die Versöhnung sichtbar und schmeckbar zu vollziehen und Gemeinschaft zu haben.

Jesus selbst nennt sich das »Brot des Lebens«, er lädt ein, bei ihm satt zu werden. Berührt hat mich bei diesem Erlebnis, wie die Kinder das Gehörte und Erlebte aufgenommen und übertragen haben. Ganz praktisch, ohne es zu kompliziert zu machen. »Werdet wie die Kinder«, fordert Jesus auf, und vielleicht kann das heißen, einfach mal ein Brot mit jemandem zu essen.

P.S.: Funktioniert bestimmt auch mit Kuchen!

"

Dabei gab er jedem ein Stück Brot.
Und als sie davon aßen,
sahen sie einander an, und der alte
Bäcker lächelte beiden zu.

HEINRICH A. MERTENS

Gib uns unser täglich Brot
Tag für Tag.

LUKAS 11,3

Der bunte Mantel

In der biblischen Geschichte von Josef und seinen Brüdern bekommt Josef einen tollen bunten Mantel, als Zeichen, dass er ein Lieblingskind ist. Viele Brüder habe ich nicht, nur einen, aber dafür viele Schwestern. Und aus Erzählungen weiß ich, dass ich als damals Jüngster auch fast so etwas wie ein Lieblingskind meiner Mutter gewesen bin.

Als meine Mutter aber starb, als ich erst sieben Jahre alt war, musste ich meinen Platz in der Welt neu suchen. Nicht länger das Nesthäkchen, sondern der kleine Junge mit den Flausen im Kopf. Kreativ, spontan, nicht auf den Kopf und sicher nicht auf den Mund gefallen. Doch auch vorlaut und sicherlich anstrengend für meine Mitmenschen.

Auch für meine Stiefmutter, die einige Zeit später bei uns einzog. Sie tat ihr Bestes, den Laden am Laufen zu halten und allen Kindern gerecht zu werden. Und doch wurde unsere Beziehung immer schwieriger. Konnten wir anfangs noch über vieles reden, war die Kommunikation irgendwann total gestört. Und als dann die Schulzeit zu Ende war, weiß ich nicht, wer von uns beiden meinen Auszug schneller herbeiwünschte. Mein alter Direktor rief mich beim Abschied zu sich und meinte noch: »Benjamin, Sie werden Ihren Weg schon machen!«

Josefs Lebensweg mit dem Verrat der Brüder, dem Verkauf nach Ägypten, der Zeit im Gefängnis … das war sicher auch nicht einfach. Und doch schien er sich immer sicher zu sein, dass Gott mit ihm war. Am meisten hat mir an dieser Geschichte immer gefallen, dass am Ende eine große Versöhnungsgeste steht, dass die Brüder einander verzeihen und einen neuen Anfang wagen.

Mein Weg führte mich zunächst nach England, wo ich mit einem Team in Plymouth in einem sozial schwachen Viertel Hilfe leistete, später dann nach Stuttgart, wo ich Sozialpädagogik studierte. Wenn andere übers Wochenende »nach Hause« fuhren, blieb ich meistens an Ort und Stelle. Zu vieles war zu Hause falsch gelaufen und ungeklärt geblieben.

Erst einige Zeit später fasste ich mir ein Herz, schrieb einen langen Brief und bat meine Stiefmutter um ein Gespräch. Ich erhoffte mir nicht viel, aber wollte für meinen Teil des Zerwürfnisses um Vergebung bitten und von ihr hören, wie sie die Sache beurteilte. Wir fanden einen Termin und trafen uns an einem Samstagvormittag in unserem alten Wohnzimmer.

Wir haben viel geredet, manches Missverständnis geklärt, und uns am Ende die Hand gereicht. Der Neu-Anfang war gemacht. Es dauerte noch eine ganze Weile, bis wir uns unbeschwert und fröhlich begegnen konnten, aber auch dazu kam es.

Und es wurde noch besser: Einige Zeit später brauchte ich ein neues Clownshemd und erinnerte mich, dass meine Stiefmutter schon andere Dinge genäht hatte. Ganz zaghaft fragte ich sie und freute mich über eine spontane Zusage.

Und irgendwann kam dann das Päckchen: ein knallbuntes Clownshemd, handgenäht für mich. Ein schönes Zeichen, dass es nie zu spät ist, den ersten Schritt zur Versöhnung zu wagen …

"

*Seid aber untereinander freundlich und
herzlich und vergebt einer dem andern.*

EPHESER 4,32

*Bevor du etwas Neues beginnst,
schließe das Alte ab und versöhne dich
mit dem Geschehenen.*

LILLI U. KRESSNER

Trösten wie eine Mutter

Als Clown versuche ich natürlich, Menschen zum Lachen und zum Staunen zu bringen. Ich mag meinen Beruf und in der Regel gelingt das auch ganz gut. Aber gelegentlich passiert es doch: Ein Kind, meist noch etwas kleiner, erschrickt während meiner Show und fängt an zu weinen. In dem Moment gibt es fast nichts, was ich für das Kind tun kann.

Denn wenn nach dem Erschrecken der laute Mann mit der roten Nase auch noch näherkommt, schreit das Kind nur lauter. Mir bleibt nur zu hoffen, dass das Weinen nicht genauso ansteckend ist wie das Lachen, und dass die jeweilige Mutter schnell eingreift, und ihr Kind zu sich nimmt und es tröstet.

Ein solcher Vorfall nagt ganz schön an mir. Was bin ich nur für ein Clown, der Kinder zum Weinen bringt? Manchmal benötige ich ein paar Minuten, bis ich wieder völlig in der Rolle aufgehen kann und die Stimmung wieder da ist, wo ich sie haben möchte. Nach und nach zeigen mir Lachen und Strahlen der übrigen Kinder, dass ich vielleicht doch nicht so gruselig bin und ein lauter Nieser auch ziemlich lustig ist.

Dem weinenden Kind wünsche ich eine Mutter, die trösten kann. Die das Kind in den Arm nimmt, aus der zunächst bedrohlich wirkenden Situation rausholt und sich ihm ganz zuwendet. Und die dem Clown ein paar Minuten später oder nach der Show noch eine zweite Chance gibt. Und damit auch ihrem Kind … So kommt es vor, dass ich nach der Show für das eine Kind mal kurz die rote Nase absetze und ihm zeige, dass da ein ganz »normaler« Mensch druntersteckt.

Ist es nicht das, was Mamas machen? Sie trösten, trocknen Tränen und machen Mut, sich der ungewohnten Situation neu zu stellen. In der Bibel gibt es eine Stelle, an der Gott sagt »Ich will euch trösten, wie einen seine Mutter tröstet« (Jesaja 66,13). – Das finde ich sehr ermutigend. Ist das nicht ein schönes Bild, dass Gott für uns eine tröstende Mama sein kann?

Zu ihm kann ich kommen, wenn mir Dinge Angst machen, wenn ich die Welt nicht verstehe, mir alles zu laut wird. Da werde ich in den Arm genommen, getröstet. Und nicht selten dann wieder auf meine Füße gestellt, mit einem leichten Schubs zurück in die neue Situation. »Du schaffst das! Hab keine Angst! Ich bin ganz nah!« – und auf den zweiten Blick, mit neuem Mut ausgestattet, sieht die Welt oft schon wieder ganz anders aus.

"

Ich will dich trösten,
wie einen seine Mutter tröstet.

JESAJA 66,13

Trösten ist eine Kunst des Herzens.
Sie besteht oft nur darin, liebevoll zu
schweigen und schweigend mitzuleiden.

OTTO VON LEIXNER

Alter ist relativ

In meinem Herzen bin ich immer noch ein Kind, ich sehe nur so erwachsen aus. So habe ich immer wieder die Frage nach meinem Alter beantwortet. Und oft fühle ich mich heute auch noch lange nicht so alt, wie mir die kleinen weißen Strähnen in meinem Haupthaar vermitteln wollen.

Ich kann mich noch gut an einen Klinikaufenthalt erinnern, als man es für eine gute Idee hielt, mich als damals Zwanzigjährigen mit einem über Neunzigjährigen in ein Zweierzimmer zu legen. Erst schien es, als hätten wir einander nicht viel zu erzählen. Aber nach und nach fanden wir Themen, über die wir uns unterhalten konnten, und schafften es auch, uns über das Fernsehprogramm einig zu werden ... er mochte Krimis, Kriegsfilme und Naturdokumentationen.

An einem Abend, nachdem wir den Fernseher schon ausgemacht hatten, kam er ins Erzählen. Er berichtete vom Ersten Weltkrieg, von seiner Zeit in Afrika, von der schönen Natur dort und den schlimmen Dingen, die er erlebt hatte. Und er trug mir Gedichte vor, die er selbst als junger Mann dort geschrieben hatte. Kurz war es, als blühte er noch einmal richtig auf ...

Wenige Tage später verstarb er über Nacht im Nachbarbett – und ließ mich nachdenklich zurück. Mein nächster Zimmergenosse, Helmut, war deutlich jünger, aber auch schon über sechzig. Und er zeigte mir, dass nicht nur das Alter, sondern auch der persönliche Gesundheitszustand eine Sache der Perspektive ist.

Ab und zu schob ich ihn im Rollstuhl in die Cafeteria. Helmut hatte seit einem Motorradunfall in seiner Jugend nur noch ein Bein. Er berichtete mir, dass er sich damals fast aufgegeben, dann aber seinen Lebensmut zurückgewonnen hätte. Und wie! Aktuell war er in der Klinik gelandet, weil er sich beim Skifahren das eine Bein und den gegenüberliegenden Arm gebrochen hatte. Und dennoch ließ er es sich nicht nehmen, allein vom Rollstuhl ins Bett zu klettern, wenn wir von unseren kleinen Touren zurückkamen.

Ich weiß noch, dass Helmut ganz traurig war, als ich irgendwann entlassen wurde. Er befürchtete, sie könnten ihm »einen alten Knacker« ins Zimmer legen. Er machte mir Mut, die Herausforderungen des Lebens anzunehmen, und mich von körperlichen Problemen nicht behindern zu lassen. Dann bleibt man jung im Kopf, auch wenn der Körper älter wird.

Dass alles vergeht, weiß man schon in der Jugend; aber wie schnell es vergeht, erfährt man erst im Alter.

MARIE VON EBNER-ESCHENBACH

Auch bis in euer Alter bin ich derselbe, und ich will euch tragen, bis ihr grau werdet. Ich habe es getan; ich will heben und tragen und erretten.

JESAJA 46,4

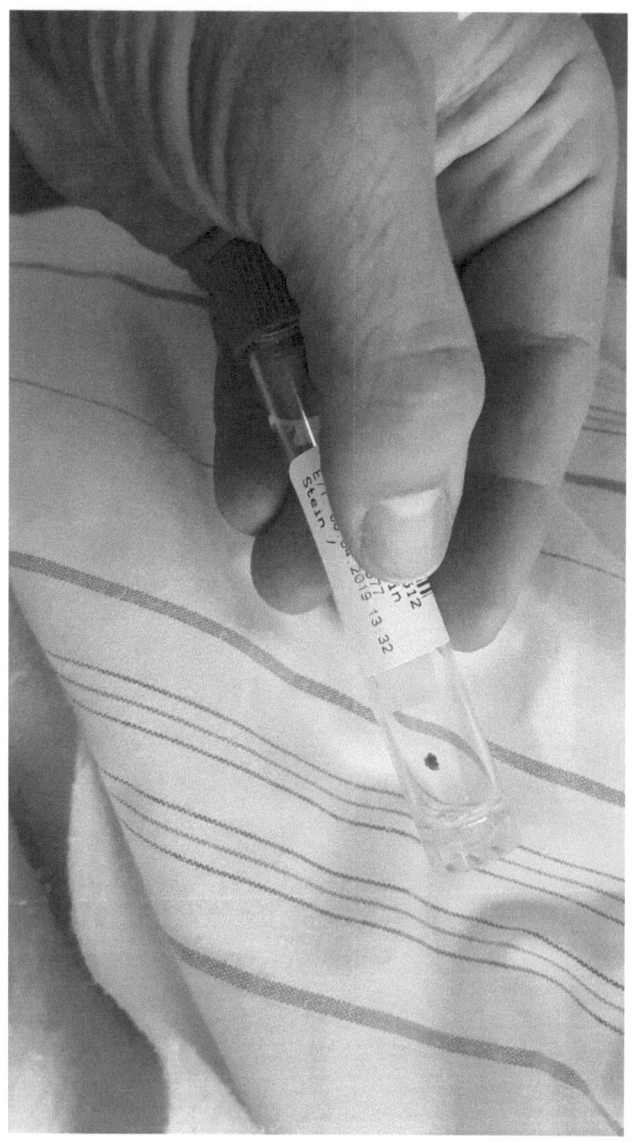

An die Nieren

Beim Frühstück verspürte ich ein leichtes ziehen in der Magengegend. Ein kurzer Blick in den Kalender zeigte mir, dass ich meine neue Ballonshow proben wollte. Für die Nummer mit dem Riesenballon habe ich mir extra einen hohen Raum gemietet, weil ich bei mir im Büro immer an die Lampe stoße. Am nächsten Tag schon sollte ich sie vor 500 Leuten bei einer großen Faschingsveranstaltung zeigen.

Und jetzt waren da auf einmal Schmerzen. Erst nur ein wenig, aber dann immer heftiger. Kurze Zeit später lag ich gekrümmt auf dem Sofa und der Hund schaute mich besorgt an. Alle anderen waren für den Tag ausgeflogen. »Mich haut so schnell nichts um«, dachte ich, nahm eine Tablette und hoffte auf Besserung. Aber zwei Stunden später gab ich auf. Da an Autofahren nicht zu denken war, musste ich einen Krankenwagen rufen, der mich einige Zeit später abholte und in die Klinik brachte. Urologische Ambulanz – Verdacht auf Nierenkolik.

So verlief der Tag ganz anders als geplant. Die Probe musste ich absagen, und als ich nach einer längeren Wartezeit endlich drankam, wurde klar, dass auch der Auftritt am nächsten Tag für mich nicht stattfinden würde. Bei der Untersuchung fanden die Ärzte einen kleinen Nierenstein, der für die großen Schmerzen verantwortlich war.

Als frühester OP-Termin wurde der Montag ausgemacht, zum Glück machten die Schmerzmittel die Zeit bis dahin erträglich. Nur ans Auftreten war nicht zu denken. So musste ich meinen ersten Auftritt in 10 Jahren kurzfristig absagen.

Kurz vor der OP war ein bisschen Zeit für Small Talk, bevor die Narkose wirkte. Ich erzählte, dass ich gerne vor der anstehenden Faschingstour mit sieben Auftritten wieder fit wäre und die Schwester antwortete, sie bekämen das hin und schmunzelte: »Einen Clown haben wir auch nicht so oft auf dem Tisch«.

Nach einer Nacht zur Beobachtung durfte ich nach Hause und konnte zwei Tage später schon wieder auf der Bühne stehen und Gute Laune verbreiten. Zwischendurch fiel mir der Vers aus Psalm 139 ein: »Denn du hast meine Nieren bereitet und hast mich gebildet im Mutterleib«. Hat Gott mir da also sprichwörtlich einen Stein in den Weg gelegt? War diese Zwangspause im Krankenhaus gar »göttlicher Vorsatz« oder einfach ein Signal meines Körpers, doch künftig genug zu trinken? Ich weiß es nicht.

Sicher weiß ich, dass ich dankbar bin, in einem Land zu leben, in dem ich einfach einen Krankenwagen rufen darf und mir helfen lassen kann. Dass ich zwar einen Auftritt verpasst und eine Gage nicht verdient habe, aber die Operation und ärztliche Versorgung nicht aus eigener Tasche zahlen muss. Ich bin dankbar, für Ärztinnen und Pfleger, Schwestern und Sanitäter, die mir geholfen haben.

Und ja, ich bin auch sicher, dass Gott, der meine Nieren bereitet hat, die ganze Zeit an meiner Seite war. Ich konnte ein wenig zur Ruhe kommen, mich umsorgt wissen, und dann gestärkt und schmerzfrei wieder neu durchstarten.

"

Denn du hast meine Nieren bereitet und hast mich gebildet im Mutterleib.

PSALM 139,13

Man sollte nie so viel zu tun haben, dass man zum Nachdenken keine Zeit mehr hat.

GEORG CHRISTOPH LICHTENBERG

Heitere Gelassenheit

Als über längere Zeit jüngstes von sechs Kindern musste ich meinen Platz in der Welt finden. Meine großen Geschwister waren musikalisch und spielten allerlei Instrumente. Ich hingegen brachte mir selbst das Jonglieren bei und versuchte, mein Umfeld durch Unsinn und kreative Ideen auf mich aufmerksam zu machen, und auch meinen Emotionen Raum zu geben. So wurde ich zum Clown. Als solcher muss ich ja nicht nur lustig sein, mir steht das ganze Repertoire an Gefühlen zur Verfügung, von zu Tode betrübt bis Tränen lachend, von vorsichtig staunend bis stürmisch erkundend.

Es ist bekannt, dass Humor etwas sehr Heilsames sein kann. Der Duden spricht bei Humor von »heiterer Gelassenheit«. Wenn ich auf meine Kindheit zurückblicke, dann erzähle ich mir selbst manche Episoden als humorvolle Anekdoten. Das hilft, die damals so unmittelbar erlebten Schwierigkeiten zumindest im Rückblick mit Abstand und Gelassenheit zu betrachten.

Eine Geschichte, zu der ich immer wieder zurückkehre, ist die von der Beerdigung meiner Mutter. Wir waren die einzige mennonitische Familie im Dorf und wir Kinder gingen ganz selbstverständlich in den katholischen Kindergarten, nahmen an Pfarrfesten teil und Beerdigungsgottesdienste fanden in der katholischen Kirche statt. Ich war erst sieben Jahre alt und kurz zuvor eingeschult worden, als meine Mutter in der Weihnachtszeit 1984 verstarb.

Eine der Nonnen, die auch den Kindergarten betrieben, war wohl für das Orgelspielen in der Kirche zuständig. Als sie mit meinem Vater die Auswahl der Lieder durchging, stutzte sie bei »Die Gott lieben werden sein wie die Sonne, die aufgeht, in ihrer Pracht«. Kann man so ein Lied denn bei einer Beerdigung singen? Mein Vater erzählte ihr, dass dies eines der Lieblingslieder meiner Mutter gewesen sei und es in dem Lied doch gerade um die Hoffnung gehe, die wir miteinander teilten. So heißt es auch in einem Vers »Noch verbirgt die Dunkelheit das Licht. Und noch sehen wir den Himmel nicht. Doch die Zeit der Schmerzen wird vergeh'n. Und dann werden wir den Vater seh'n«. Und ganz friedenskirchlich: »Viele Tränen werden noch geweint, und der Mensch ist noch des Menschen Feind. Doch weil Jesus für die Feinde starb, hoffen wir, weil er uns Hoffnung gab«.

Es war diese Hoffnung, von der mein Vater in diesem Gottesdienst hören und zeugen wollte. Also blieb das Lied auf der Liste, und ich meine mich zu erinnern, dass die Nonne später dabei besonders energisch in die Tasten gehauen hat.

So wird in meiner Erinnerung aus der katholischen Ordensfrau eine Schwester im Glauben, die dieselbe Hoffnung mit mir teilt, dass irgendwann alle Schmerzen vergehen und alle Tränen versiegen. Plötzlich lande ich so in Gedanken bei Whoopi Goldberg und den Klosterfrauen aus dem Spielfilm »Sister Act« – und kann mit heiterer Gelassenheit an diesen schweren Tag zurückdenken.

"

Seid fröhlich in Hoffnung, geduldig in Trübsal, beharrlich im Gebet.

RÖMER 12,12

Die Freude ist eine erst zu nehmende Angelegenheit des Himmels.

C. S. LEWIS

Mit einem lachenden und einem weinenden Auge

Es gibt Tage, an denen es gar nicht so einfach ist, gute Laune zu verbreiten und an denen mir eher nach Weinen als nach Lachen zumute ist. Dann hilft die rote Nase als Maske, unter der ich mich auch mal verstecken darf.

Manchmal ist es harte Arbeit, anderen Menschen ein Lächeln zu schenken. Zwar versuche ich authentisch zu sein, auch mal Einblicke in mein Innenleben zu gewähren. Aber nicht alles, was mich bewegt, kann ich mit auf die Bühne nehmen. Das ist einer der Gründe, diese kleinen Erlebnisse und Geschichten aufzuschreiben.

Einer der bisher schwierigsten Einsätze als Clown, war an dem Tag, an dem die erste Herz-OP meines Shones anstand. Die Ärzte waren zuversichtlich, aber wir als Eltern voller Sorge.

Ich hatte ihn am Tag vorher noch besucht, meine Frau war mit ihm in der Uniklinik, eine Nachbarin passte auf die verbleibenden Kinder auf, und in meinem Kalender stand eine Buchung in einem Kindergarten. Die Operation war auf die gleiche Uhrzeit angesetzt wie der Showbeginn.

Es gab nichts, was ich hätte tun können, und die Kinder hatten sich schon seit Wochen auf den Besuch von Clown Benji gefreut. So tat ich das, was ich kann: ich brachte die Kinder zum Lachen und zum Staunen und schenkte ihnen eine schöne Stunde.

Erst danach, im Auto, rief ich meine Frau an. Es war alles gut gegangen. Ich schickte ein Dankgebet zum Himmel und die Anspannung fiel von mir ab.

Dieses Mal waren es wohl eher Freudentränen, die auf mein buntes Clownshemd tropften.

In einem Gedicht, das ich vor Jahren mal geschrieben habe, heißt es: »Manch' Clown ist einsam ohne Licht. Dass Clowns auch weinen, weiß man nicht. Doch jeder Clown darf sicher sein, Gott, der Direktor, lässt ihn nicht allein«.

"

Der Clown tritt auf,
spielt für Applaus.
Er fordert manch' Lächeln,
manch' Staunen heraus

Der Clown ist toll, die Menge lacht,
er hat's mal wieder gut gemacht.

Der Clown tritt ab, der Vorhang fällt.
Da bist du wieder, kalte Welt.

Manch' Clown ist einsam ohne Licht,
dass Clowns auch weinen,
weiß man nicht.

Doch jeder Clown darf sicher sein,
Gott, der Direktor,
lässt ihn nicht allein.

BENJI WIEBE

Erlaubte Hilfsmittel

Wenn ich in der Manege stehe, oder auf einer Bühne, dann spreche ich laut. Ich will ja, dass mich alle hören. Ich bin mir in dem Moment meiner Rolle und meiner Funktion bewusst.

Wenn ich Kinder oder Erwachsene zu mir nach vorne bitte, ist das oft ganz anders. Auch wenn sie wirklich freiwillig nach vorne kommen, sind sie doch nicht so sicher, was ihre Rolle ist und ob sie wirklich jemand hören soll. So sprechen sie leise und machen sich kleiner als sie sind.

Und selbst wenn ich sie ermutige, laut zu antworten, und direkt danebenstehe, und mir Mühe gebe, verstehe ich nicht immer alles, was mir gesagt wird.

Als ich aber merkte, dass mir das immer häufiger passierte, ging ich zum Arzt. Und so wie vor Jahren ein Augenarzt feststellte, dass mir eine Brille helfen würde, die Welt klarer zu sehen und weniger Kopfschmerzen zu haben, erklärte mir nun auch ein Ohrenarzt, dass es auch für die Ohren Geräte gibt, die das Verstehen leichter machen.

Zunächst erschrak ich ein bisschen. Hörgeräte? In meinem Alter?! Und dann habe ich mich beraten lassen. Mittlerweile möchte ich meine Helferlein nicht mehr missen. Ja, sie helfen mir, meine Mitmenschen besser zu verstehen und auch die ruhigeren Stimmen wieder klarer zu hören. Und sie haben mich selbst wieder etwas leiser werden lassen. Weil ich ja auch meine eigene Stimme wieder lauter hören kann.

Ja, manchmal ist es gar nicht so einfach, zuzugeben, dass man Hilfe braucht. Zu erkennen, dass ich zuweilen nur so laut war, weil ich mich selbst nicht gehört habe. Und es gibt immer noch Momente, in denen alles ein bisschen kompliziert scheint und ich mir einen Satz Extra-Ohren wünsche. Schon allein aus Platzgründen, weil da nun Brillenbügel, Maskenbändel, das Gummi der Clownsnase und eben auch noch die Hörgeräte dranhängen.

Wenn ich Kindern erzähle, dass ich Hörgeräte trage, erlebe ich ganz unterschiedliche Reaktionen. Manche schätzen mich gleich einige Jahre älter. Andere meinen, es passt zu mir, genauso wie die Brille und der etwas zu dicke Bauch. Und da haben sie recht, denn darum geht es ja – und das ist es, was ich vermitteln möchte:

Jeder Mensch ist einzigartig, jeder hat Fähigkeiten, Dinge, die er oder sie gut kann. Und jeder und jede hat Bereiche, an denen er oder sie noch arbeiten kann, oder bei denen man sich helfen lassen muss – und darf. Und wer das verstanden hat, kann auch wieder mutig in der Manege stehen.

"

*Ich bin nicht gescheitert – ich habe
10.000 Wege entdeckt, die nicht
funktioniert haben.*

<small>THOMAS ALVA EDISON</small>

Wer Ohren hat zu hören, der höre!

<small>MARKUS 4,23</small>

Unterschätzt

Vor einiger Zeit war ich eingeladen, beim Geburtstag eines Mädchens aufzutreten. Sie saß im Rollstuhl, konnte nicht sprechen, war aber voll bei der Sache. Ihre Mutter hatte mir erzählt, dass sie Clowns mag. Und so hatten wir eine fröhliche – wenn auch nicht sehr wortreiche Party.

Dieses Jahr war ich zur Geburtstagsfeier ihres kleinen Bruders engagiert. Der war vorlaut, sprang im Raum herum, und genoss es erkennbar, dass sich an diesem Tag mal endlich alles um ihn drehte.

Mein Respekt für die Mutter war riesengroß. Sie bemühte sich sichtlich, allen ihren Kindern gerecht zu werden, und jedem Kind das zu geben, was es brauchte. Wie sehr das stimmte, merkte ich erst einige Zeit später.

Das Geburtstagskind wurde mit Helm, Ballongürtel und Ballonschwert ausgestattet, und alle Gastkinder auch. Als die feiernde Kinderschar wieder zum Spielen aufbrach, knotete ich der großen Schwester im Rollstuhl noch eine Blume und wechselte ein paar Worte mit der Mutter.

Als ich wieder zu dem Mädchen sah, wirkte sie ganz unglücklich. Zuerst dachte ich, vielleicht war die Show zu lang und sie war müde. Aber die Mutter erkannte, dass hier etwas nicht stimmte. Sie ging auf ihre Tochter ein, kommunizierte ohne Worte, aber diese ließ sich erst beruhigen, als der »Talker« herbeigeholt wurde.

Während der Show wäre das Gerät wohl im Weg gewesen. Und erst als ich das Mädchen ihren Computer bedienen sah, verstand ich, dass ich sie gehörig unterschätzt hatte. Alle Kinder hatten Schwert und Gürtel bekommen, nur für sie hatte ich eine Blume gemacht. Ich hatte es zwar gut gemeint, aber sie anders behandelt als die anderen. Ja, sie konnte nicht sprechen, aber nur, weil sie das dafür nötige Gerät nicht vor sich hatte. Und dann ließ ich mir von ihr sagen, was sie wirklich wollte.

Drei Begriffe wählte sie aus, die mir die Augen öffneten: »Auch«, »So ähnlich wie« und den Namen ihres Bruders. Natürlich – sie wolle auch ein Schwert und einen Gürtel, so wie alle anderen auch. Ich entschuldigte mich schnell bei ihr und machte ihr die gewünschten Ballons – und unsere gemeinsame Welt war wieder in Ordnung.

Ich weiß, welch ein Kampf es sein kann, einen solchen »Talker« genehmigt und finanziert zu bekommen. Und ich freue mich, dass das Mädel eine Mutter hat, die diesen Kampf auf sich genommen hat, und ihrer Tochter damit ein Stück Selbstbestimmung und Teilhabe ermöglicht.

Mehr Worte hat sie zu mir an dem Tag nicht mehr gesagt. Aber ich bin sicher, wenn sie möchte, und man ihr die Chance gibt, stecken in diesem Mädchen noch einige Überraschungen!

"

*Halte dich fern von Menschen, die deine
Träume klein reden wollen. Kleine
Menschen tun das immer.
Große Menschen geben dir das Gefühl,
dass auch du groß werden kannst.*

MARK TWAIN

*Ein Mensch sieht, was vor Augen ist;
Gott aber sieht das Herz an.*

1. SAMUEL 16,7

Macht euch keine Sorgen

Vor der letzten Fußballweltmeisterschaft gab es wieder einige Zauberkollegen, die groß und medienwirksam »Vorhersagen« der Ergebnisse versprachen. Ich frage mich dann manchmal, ob das wirklich noch in die heutige Zeit passt. Wer glaubt denn wirklich, dass jemand, der die Ergebnisse der Fußball-WM vorab weiß, diese irgendwo notariell verwahrt in einem Umschlag hinterlegen würde, statt damit in den Wettbüros dieser Welt wirklich viel Geld abzuräumen?

Und wenn jedem klar ist, dass es sich da um einen Trick handelt, ist der Unterhaltungswert wirklich so hoch? Oder die Sehnsucht der Menschen, die Zukunft zu kennen, so groß?

Neulich habe ich eine Buchung für eine Familienfeier im kommenden Jahr angenommen. Mehr als ein Jahr im Voraus. Wieso auch nicht? Aber weiß ich wirklich, ob ich an dem Tag fit bin und auftreten kann? Kann ich dieses gegebene Versprechen einhalten?

Ich kann nur hoffen, dass alles so kommt wie geplant. Wie oft kam schon etwas dazwischen, wie oft lief es doch ganz anders? Ich kann mir Ziele vornehmen, eine Route planen. Ob ich wirklich ankomme, weiß Gott allein. Ob alle gesund bleiben? Ja, … so Gott will!

Und da bin ich bei meiner eigenen Sehnsucht, die Zeit zu beherrschen, die Zukunft zu kennen, zu planen, ihr Struktur zu geben. Da hilft mir auch kein Umschlag mit Fragezeichen, den ich mir an die Decke hängen könnte – nur um nachher heimlich eine »Vorhersage« hineinzuschmuggeln mit dem Ergebnis »Hab ich doch gewusst!«.

Was mir aber hilft, sind Jesu Worte »Macht euch keine Sorgen!« Es hilft nicht, sorgenvoll in die Weite zu schauen. Ich kann immer nur den nächsten Schritt gehen und schauen, dass ich auf dem Weg bleibe. Jesus selbst ist der Weg, und seine Aufforderung ist klar: »Es soll euch zuerst um Gottes Reich und Gottes Gerechtigkeit gehen, dann wird euch das Übrige alles dazugegeben« (Matthäus 6,33).

Also versuche ich im Hier und Jetzt zu bleiben. Bemühe mich um das Reich Gottes, seinen Schalom, seinen Frieden, den er mit den Menschen und unter den Menschen wünscht. Und ich bemühe mich um Gerechtigkeit, vor allem da, wo ich Ungerechtigkeiten wahrnehme. Oder wo Menschen aus lauter Sorge und vor lauter Ängsten ihre Mitmenschen aus dem Blick verlieren.

Ich weiß nicht, was die Zukunft bringt. Ich weiß, was ich bisher erlebt habe. Ich weiß, dass Gott treu und gerecht ist und eine froh machende, eine ermutigende Botschaft für die Welt hat. Ganz oft finden sich in der Bibel die Worte »Fürchtet euch nicht!« Habt keine Angst, seid mutig und macht anderen Mut!

"

Macht euch keine Sorgen um den nächsten Tag! Der nächste Tag wird für sich selbst sorgen!

MATTHÄUS 6,34

Glaube ist die Kunst, an Überzeugungen festzuhalten, die man als richtig erkannt hat, allen Stimmungsschwankungen zum Trotz.

C. S. LEWIS

Über den Autor

Benji Wiebe ist in Bad Kissingen geboren und aufgewachsen. Dort sammelte er auch seine ersten Bühnenerfahrungen als Zauberer und Jongleur und startete seinen ersten Kinderzirkus.

Nach einem Auslandsjahr, dem Studium der Sozialpädagogik beim CVJM in Stuttgart und Jahren als Referent für die Arbeit mit Kindern in einem Jugendwerk landete er im Kreis Karlsruhe, wo er mit seiner Frau den Alltag in einer sonderpädagogischen Pflegestelle gestaltet, gemeinsam mit vier Kindern, zwei Hunden und zwei Katzen.

Er ist Mitglied in der Gemeinschaft christlicher Zauberkünstler (GCZK) und im Magischen Zirkel von Deutschland (MZvD), tritt als Zauberer, Clown und Ballonkünstler auf und engagiert sich bei den verschiedensten Projekten als Mutmacher.

Benji Wiebe
Am Rugbiegel 10
76351 Linkenheim-Hochstetten
benji.wiebe@bezauberhaft.de